MY FIRST
English–Spanish
DICTIONARY
Mi primer diccionario inglés–español

Contents Contenido
My first dictionary Mi primer diccionario

Wild animals *Los animales salvajes* 4

Farm animals *Los animales de la granja* 5

Pets *Los animales domésticos* 6

Birds *Los pájaros* 7

Insects *Los insectos* 8

Food *La comida* 9

Fruit *La fruta* 10

Vegetables *Las verduras* 11

Body *El cuerpo* 12

Face *La cara* 14

Clothes *La ropa* 15

Family *La familia* 16

Garden *El jardín* 17

Home *El hogar* 18

Kitchen *La cocina* 19

Toys *Los juguetes* 20

Tools *Las herramientas* 21

School *La escuela* 22

Beach *La playa* 23

Things that go *Las cosas que mueven* 24

Doing words *Las palabras de acción* 26

Time *La hora* 27

Shapes *Las formas* 28

Colors *Los colores* 29

Opposites *Los opuestos* 30

Numbers *Los números* 32

Animal dictionary *Diccionario de animales*

What is an animal? *¿Qué es un animal?* 34

Pets *Los animales domésticos* 36

On the farm *En la granja* 38

Parks and gardens *Los parques y los jardines* 40

Fields and woods *Los campos y los bosques* 42

In the forest *En la selva* 44

Ponds and rivers *Los estanques y los ríos* 46

Lakes and swamps *Los lagos y los pantanos* 48

Cliffs and seashores

    Los acantilados y las playas 50

In the ocean *En el océano* 52

On the plains *En las llanuras* 54

In the rain forest *En la selva tropical* 56

Hot and dry *Caliente y seco* 58

Mountains, snow, and ice

    Las montañas, la nieve y el hielo 60

Animal babies *Los animales bebés* 62

Wild animals
Los animales salvajes

Animals are known as **wild** if they move around freely in the oceans, in the air, or on the land.

Los animales se conocen como salvajes si se mueven libremente en los océanos, en el aire o en la tierra.

frog
la rana

eagle
el águila

crocodile
el cocodrilo

eye
el ojo

tail
la cola

foot
el pie

shark
el tiburón

elephant
el elefante

ear
la oreja

trunk
la trompa

toe
el dedo del pie

tiger
el tigre

Farm animals Los animales de la granja

People keep farm animals
for meat, eggs, skin or fur,
or as work animals.

La gente cría los animales de la
granja para su carne, huevos
o piel, o como bestias de carga.

foal
el potro

rooster
el gallo

horse
el caballo

pig
el chancho

goat
la cabra

chick
el pollito

sheep
la oveja

cows
las vacas

5

Pets Los animales domésticos

A pet is a tame animal that you care for in your home.

Una mascota es un animal domesticado que cuidas en tu casa.

pony
el poni

mane
la melena

nose
la nariz

dog
el perro

cat
el gato

hamster
el hámster

goldfish
el pez dorado

rabbit
el conejo

macaw
el guacamayo

guinea pig
el cobayo

Birds
Los pájaros

A bird has wings, feathers, and a beak.

Un pájaro tiene alas, plumas y un pico.

finch
el pinzón

tail
la cola

wing
el ala

beak
el pico

feathers
las plumas

claw
la garra

owl
el búho

eagle
el águila

swan
el cisne

hornbill
el cálao

pigeon
la paloma

ostrich
el avestruz

penguins los pingüinos

7

Insects
Los insectos

An insect is a small animal with six legs.

Un insecto es un animal pequeño con seis patas.

butterflies
las mariposas

bee
la abeja

fly
la mosca

wasp
la avispa

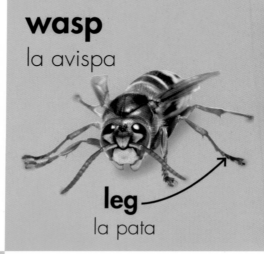

leg
la pata

ant
la hormiga

dragonfly
la libélula

wing
el ala

grasshopper
el saltamontes

ladybug
la mariquita

Food La comida

Food is anything that you eat to help you grow and keep you healthy.

La comida es todo lo que comes para ayudarte a crecer y mantenerte sano.

sandwich
el sándwich

pasta
la pasta

pie
el pastel

carrots
las zanahorias

cupcake
la magdalena

nuts
los frutos secos

sausages
las salchichas

bread
el pan

cheese
el queso

banana
la banana

Fruit La fruta

A fruit is the part of a plant that holds the seeds.

Una fruta es la parte de una planta que contiene las semillas.

grapes
las uvas

watermelon
la sandía

pineapple
la piña

starfruit
la fruta estrella

apple
la manzana

strawberry
la fresa

banana
la banana

peach
el melocotón

tomato
el tomate

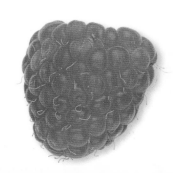

raspberry
la frambuesa

Vegetables
Las verduras

A vegetable is the part of a plant that you eat.

Una verdura es la parte de una planta que comes.

pepper
el pimiento

leek
el puerro

onion
la cebolla

cabbage
el repollo

broccoli
el brócoli

peas
los guisantes

beans
los frijoles

corn
la mazorca de maíz

potato
la papa

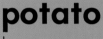

cauliflower
la coliflor

Body El cuerpo

Your body is every part of you, from your head to your toes.

Tu cuerpo es cada parte de ti, desde la cabeza hasta los dedos de los pies.

head
la cabeza

foot
el pie

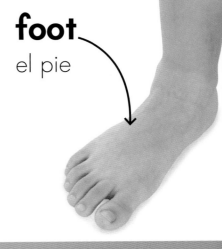

neck
el cuello

finger
el dedo

thumb
el pulgar

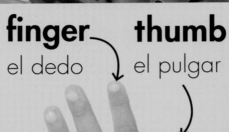

shoulder
el hombro

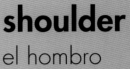

back
la espalda

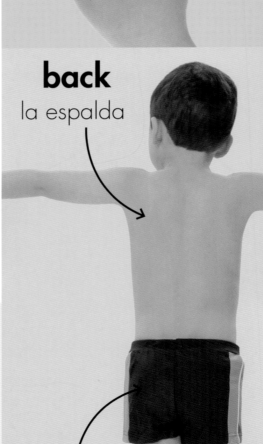

wrist
la muñeca

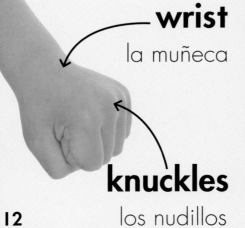

knuckles
los nudillos

12

bottom
el trasero

elbow
el codo

face
la cara

hand
la mano

arm
el brazo

stomach
el estómago

chest
el pecho

hips
las caderas

thigh
el muslo

knee
la rodilla

leg
la pierna

calf
la pantorrilla

shin
la espinilla

toe
el dedo del pie

ankle
el tobillo

heel
el talón

Face La cara

Your face is the front part of your head.

Tu cara es la parte delantera de tu cabeza.

head
la cabeza

forehead
la frente

hair
el pelo

eyebrow
las cejas

eyelashes
las pestañas

eye
el ojo

nose
la nariz

teeth
los dientes

ear
la oreja

cheek
la mejilla

tongue
la lengua

mouth
la boca

chin
la barbilla

lips
los labios

14

Clothes
la ropa

Clothes are things that people wear.

La ropa es lo que la gente se pone.

hat
el sombrero

gloves
los guantes

boots
las botas

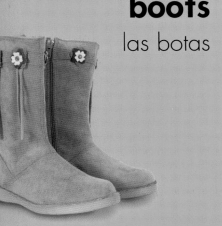

underpants
los calzoncillos

shirt
la camisa

shorts
los pantalones cortos

pajamas
el pijama

scarf
la bufanda

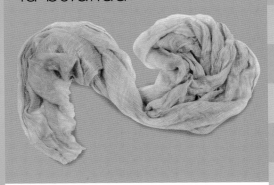

dress el vestido

shoes los zapatos

laces
los cordones

Family La familia

A family is a group of people who are related to each other.

Una familia es un grupo de personas que están relacionadas las unas con las otras.

mother
la madre

sisters
las hermanas

grandfather
el abuelo

aunt
la tía

grandmother
la abuela

boy
el chico

brothers
los hermanos

cousins
los primos

girl
la chica

father
el padre

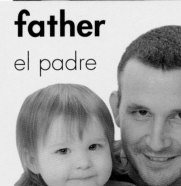

Garden
El jardín

A garden is where people grow flowers and vegetables.

Un jardín es el lugar donde las personas cultivan flores y hortalizas.

acorn
la bellota

spider
la araña

frog
la rana

ant
la hormiga

flower
la flor

stem
el tallo

boots
las botas

watering can
la regadera

trowel
la palita

handle
el mango

tree
el árbol

trunk
el tronco

17

Home El hogar

Your home is the place where you live.

Tu hogar es el lugar donde vives.

sofa

el sofá

table

la mesa

bath

la bañera

lamp

la lámpara

chair

la silla

fireplace

la chimenea

Kitchen
La cocina

A kitchen is where food is stored and prepared.

La cocina es el lugar donde se almacenan y se preparan los alimentos.

saucepan
la olla

sieve
el colador

fork
el tenedor

plate
el plato

knife
el cuchillo

spoon
la cuchara

spoon
la cuchara

rolling pin
el rodillo

cookie cutters
los cortadores de galletas

apron
el delantal

stove el horno

19

Toys
Los juguetes
Children play with toys.

Los chicos juegan con los juguetes.

tricycle

el triciclo

doll

la muñeca

jigsaw puzzle

el rompecabezas

train

el tren

wheel

la rueda

balloons

los globos

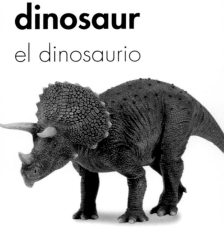

ball

la pelota

teddy bears

los osos de peluche

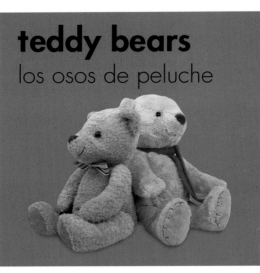

dinosaur

el dinosaurio

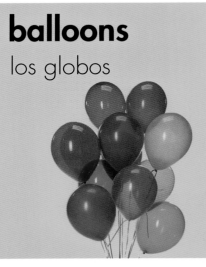

bat

el bate

kite

la cometa

blocks

los cubos

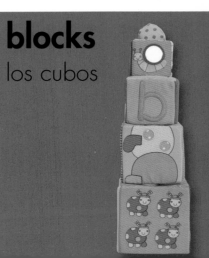

Tools
Las herramientas

A tool is something you use to help you do a job.

Una herramienta es lo que se utiliza para realizar un trabajo.

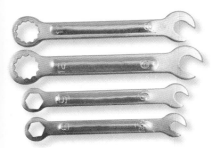

wrenches
las llaves

drill
el taladro

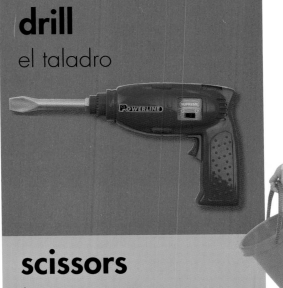

scissors
las tijeras

blade
la cuchilla

bucket
el cubo

spade
la pala

screwdrivers
los destornilladores

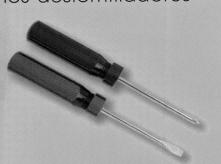

watering can
la regadera

hammer
el martillo

pliers
los alicates

trowel
la palita

tool box
la caja de herramientas

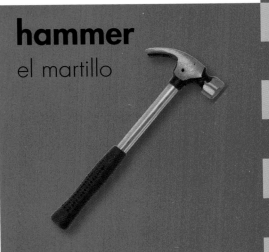

School
La escuela

School is the place where you go to learn.

La escuela es el lugar donde vas para aprender.

teacher
la maestra

glue
el pegamento

books los libros

triangle
el triángulo

violin
el violín

ruler
la regla

paints
las pinturas

paper el papel

pen
la pluma

brushes
los pinceles

tambourine
la pandereta

Beach
La playa

A beach is the strip of land on the edge of the ocean.

La playa es la parte de tierra en la orilla del mar.

sandcastle
el castillo de arena

spade
la pala

bucket
el cubo

deckchair
la tumbona

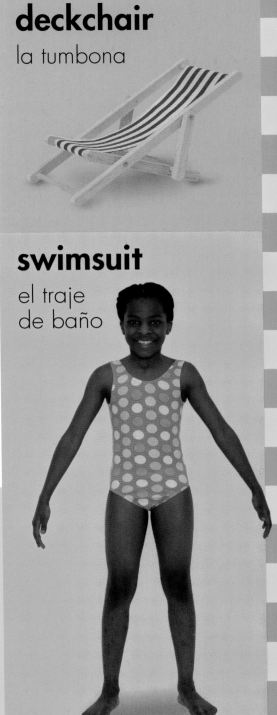

swimsuit
el traje de baño

pinwheel
el molinete

starfish
la estrella de mar

arm
el brazo

shell
la concha

boat
el barco

Things that go Las cosas que mueven

Trucks, trains, buses, and cars carry people and goods on land.

Los camiones, los trenes, los autobuses y los automóviles transportan las personas y las mercancías por tierra.

truck
el camión

helicopter
el helicóptero

blade
las hélices

car
el coche

scooter
la moto

hot-air balloon
el globo de aire caliente

basket
la cesta

tractor
el tractor

airplane
el avión

ambulance
la ambulancia

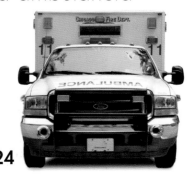

bicycle
la bicicleta

quad bike
el quad

rocket
el cohete

bus
el autobús

train
el tren

boat
el barco

motorcycle
la motocicleta

bulldozer
la excavadora

van
la furgoneta

wheel
la rueda

dumper
el camión volquete

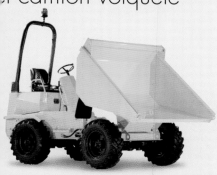

fire truck
el camión de bomberos

Doing words
Las palabras de acción
Words that describe what we are doing are known as verbs.

Las palabras que describen lo que hacemos se conocen como verbos.

hopping
saltar

skipping
saltar a la cuerda

rope
la cuerda

crouching
agacharse

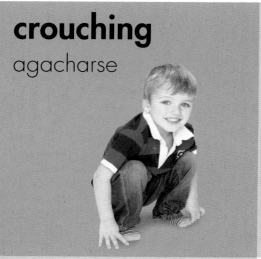

bathing
bañarse

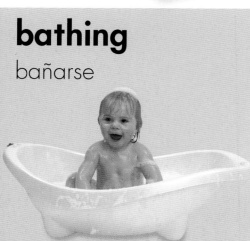

swinging
columpiar

walking
caminar

hugging
abrazar

yawning
bostezar

kissing dar besos

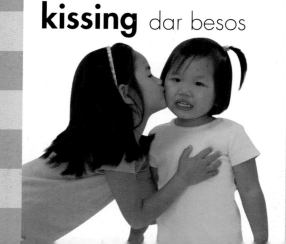

catching
atrapar

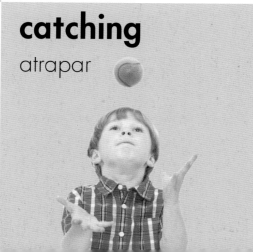

crawling
gatear

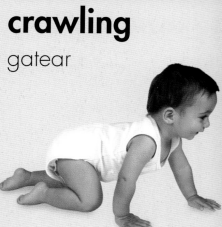

Time La hora

The time is a particular moment in the day.

La hora es un momento particular del día.

Days of the week

Los días de la semana

Sunday
domingo
Monday
lunes
Tuesday
martes
Wednesday
miércoles
Thursday
jueves
Friday
viernes
Saturday
sábado

Months

Los meses

January
enero
February
febrero
March
marzo
April
abril
May
mayo
June
junio
July
julio
August
agosto
September
septiembre
October
octubre
November
noviembre
December
diciembre

spring
la primavera

Seasons
las estaciones

summer
el verano

fall
el otoño

winter
el invierno

four o'clock

las cuatro en punto

quarter past four

las cuatro y cuarto

half past four

las cuatro y media

quarter to five

las cinco menos cuarto

Shapes
Las formas

Circles, squares, and triangles are all shapes.

Los círculos, los cuadrados y los triángulos son todos formas.

circle el círculo

star
la estrella

heart
el corazón

rectangle
el rectángulo

triangle
el triángulo

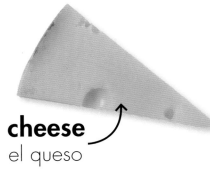

cheese
el queso

square
el cuadrado

pentagon
el pentágono

spiral la espiral

cylinder
el cilindro

sphere
la esfera

cube el cubo

Colors
Los colores

Red, yellow, and blue are all colors.

Rojo, amarillo y azul son todos colores.

black
negro

blue azul

red
rojo

yellow amarillo

green
verde

brown marrón

gray
gris

orange

anaranjado

white
blanco

purple
violeta

pink
rosa

29

Opposites
Los opuestos

When things are the opposite of each other, they are completely different.

Cuando una cosa es lo opuesto a otra, es completamente diferente.

light
claro

dark
oscuro

hot
caliente

cold
frío

dirty
sucio

clean
limpio

30

awake
despierto

asleep
dormido

big
grande

little
pequeño

dry
seco

wet
mojado

baby
el bebé

full
leno

empty
vacío

tall
alto

fast
rápido

hare
la liebre

thin delgado

slow
lento

snail
el caracol

fat
gordo

tortoise
la tortuga

old
viejo

new
nuevo

open
abierto

short bajo

shut
cerrado

happy
feliz

sad
triste

Numbers
Los números

Numbers tell you how many things there are.

Los números te dicen cuántas cosas hay.

I one frog
una rana

2 two babies
dos bebés

6 six tractors
seis tractores

7 seven puppies
siete cachorros

20 twenty cupcakes
veinte magdalenas

50 fifty jelly beans
cincuenta caramelos

3 three kittens
res gatitos

4 four wrenches
cuatro llaves

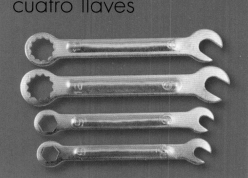

5 five tomatoes
cinco tomates

8 eight flowers
ocho flores

9 nine ducklings
nueve patitos

10 ten paints
diez pinturas

100 one hundred buttons cien botones

What is an animal?
¿Qué es un animal?

An animal is a living thing that moves around to find food.
Un animal es un ser vivo que va de lugar en lugar buscando alimento.

Birds Las aves

Birds have wings and lay eggs, and most can fly.
Las aves tienen alas y ponen huevos, y la mayoría puede volar.

toucan
el tucán

macaw
el guacamayo

duck
el pato

hen
la gallina

Insects
Los insectos

Insects are small animals with six legs.
Los insectos son animales pequeños con seis patas.

butterfly
la mariposa

beetle
el escarabajo

Amphibians
Los anfibios

Amphibians can live in and out of water.
Los anfibios pueden vivir dentro y fuera del agua.

frog
la rana

salamander
la salamandra

Reptiles
Los reptiles

Reptiles are dry and scaly.
Los reptiles son secos y escamosos.

lizard
el lagarto

snake
la serpiente

tortoise
la tortuga

Mammals
Los mamíferos

Mammals are warm and have fur or hair.
Los mamíferos son cálidos y tienen piel o cabello.

monkey
el mono

Fish
Los peces

Fish have scales and live underwater.
Los peces tienen escamas y viven debajo del agua.

clown fish
el pez payaso

regal tang
el pez cirujano azul

seahorse
el caballito de mar

shark
el tiburón

Pets
Los animales domésticos

Lots of people keep animals as pets.

Mucha gente tiene animales como mascotas.

tortoise
la tortuga

macaw
el guacamayo

gerbil
el jerbo

rabbits
los conejos

kitten
el gatito

eye
el ojo

ear
la oreja

whiskers
los bigotes

fur
el pelo

hamster
el hámster

budgerigar
el periquito

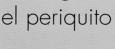

puppy
el cachorro

**A puppy is
a young dog.**

Un cachorro es
un perro joven.

nose
la nariz

paw
la pata

tail
la cola

rat
la rata

mouse
el ratón

goldfish
el pez dorado

guinea pig
el cobayo

37

On the farm En la granja

Farmers keep animals for their milk, meat, wool, or eggs, or as work animals.

Los granjeros crían los animales para obtener leche, carne, lana y huevos, o como bestias de carga.

goose
el ganso

mane
la melena

nostril
la fosa nasal

horse
el caballo

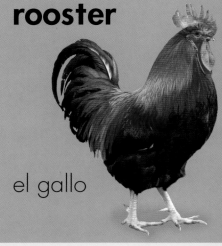

rooster

el gallo

goat
la cabra

cow
la vaca

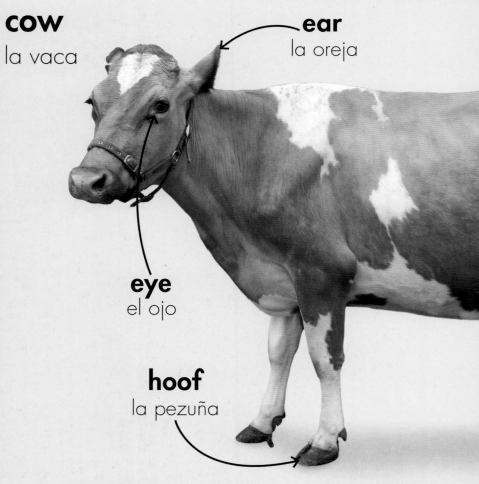

ear
la oreja

eye
el ojo

hoof
la pezuña

duck el pato

sheep la oveja

turkey el pavo

donkey el burro

pig el chancho

hen la gallina

bull el toro

dog el perro

Parks and gardens Los parques y los jardines

Many animals live in parks and gardens.

Muchos animales viven en los parques y los jardines.

mole
el topo

squirrel
la ardilla

ladybug
la mariquita

peacock
el pavo real

skunk
la mofeta

fluffy tail
la cola vellosa

white stripe
la franja blanca

slug
la babosa

wasp
la avispa

pigeon
la paloma

snail
el caracol

caterpillar
la oruga

41

Fields and woods
Los campos y los bosques

Woods are good places for animals to hide.

Los bosques son buenos lugares donde los animales pueden esconderse.

crow
el cuervo

chipmunk
la ardillita

fox
el zorro

millipede
el milpiés

hedgehog
el erizo

butterflies
las mariposas

worm
el gusano

woodpecker
el pájaro
carpintero

deer
el ciervo

tail
la cola

leg
la pata

moth
la polilla

mouse
el ratón

spider
a araña

beetle
el escarabajo

badger
el tejón

In the forest
En la selva

All kinds of animals live deep in the forest.

Todo tipo de animales vive en el corazón de la selva.

hummingbird
el colibrí

raccoon
el mapache

eagle
el águila

bear
el oso

fur
la piel

nose
la nariz

leg
la pata

sharp claw
la garra afilada

porcupine
el puerco espín

moose
el alce

elk
el uapití

lynx
el lince

wolf
el lobo

ant
la hormiga

Ponds and rivers
Los estanques y los ríos

Fish swim in ponds and rivers, and other animals live on the bank.

Los peces nadan en los estanques y los ríos y otros animales viven en la orilla.

duck
el pato

salmon
los salmones

otters
las nutrias

heron
la garza

frog
la rana

46

beaver
el castor

dragonflies
las libélulas

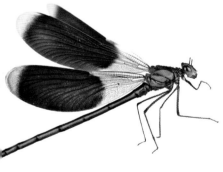

newt
el tritón

eye
el ojo

toe
el dedo
del pie

back
la espalda

tail
la cola

47

Lakes and swamps
Los lagos y los pantanos

Swamps give crocodiles and hippos a great place to hide!

¡Los pantanos ofrecen un escondite perfecto donde los cocodrilos y los hipopótamos pueden ocultarse!

toad
el sapo

pelican
el pelícano

crocodile
el cocodrilo

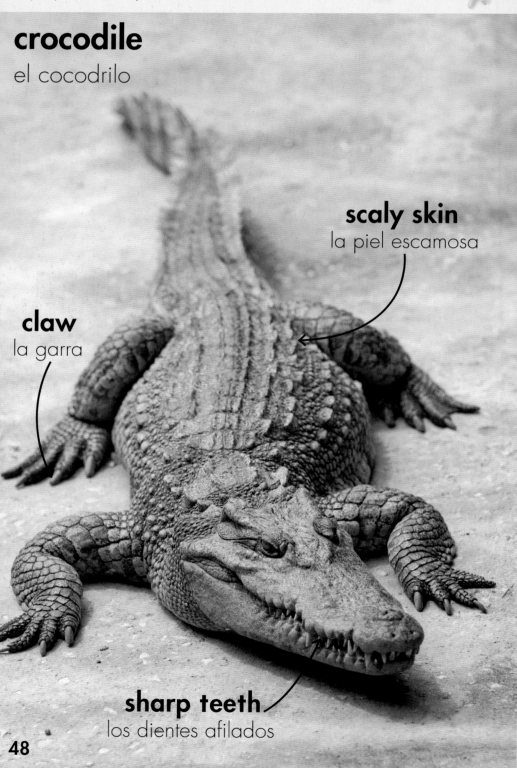

scaly skin
la piel escamosa

claw
la garra

sharp teeth
los dientes afilados

goose
el ganso

48

flamingo
el flamenco

turtle
la tortuga

trout
las truchas

swans
los cisnes

hippopotamus
el hipopótamo

tail
la cola

ear
la oreja

e
ojo

nose
la nariz

belly
el vientre

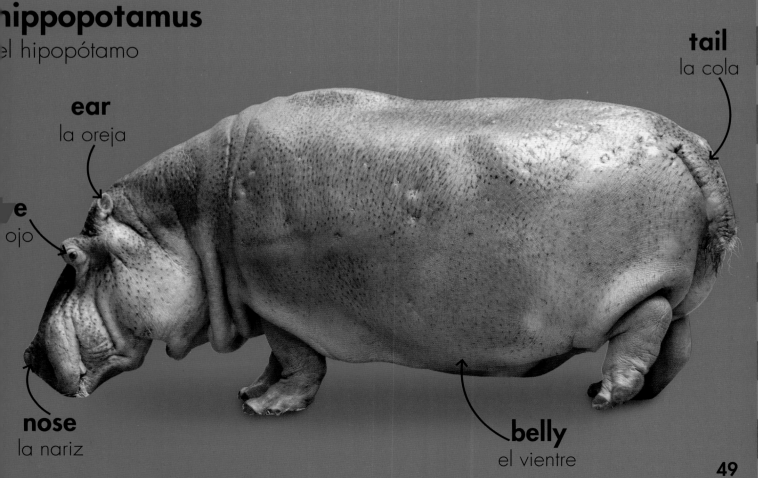

49

Cliffs and seashores
Los acantilados y las playas

Animals like seals, seabirds, and crabs live by the beach.

Los animales como las focas, las aves marinas y los cangrejos viven en la playa.

mussel
el mejillón

seagull
la gaviota

sea lion
el león marino

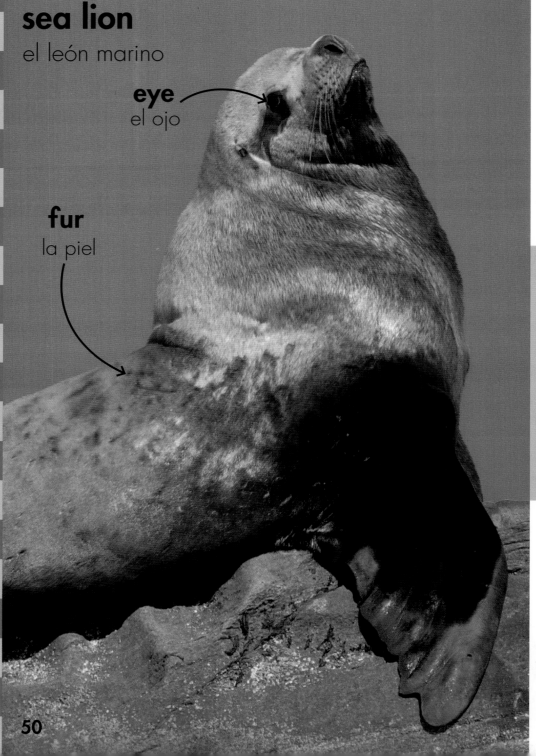

eye
el ojo

fur
la piel

sea anemone
la anémona de mar

crab
el cangrejo

sea urchins
los erizos de mar

cockleshells
los berberechos

starfish
la estrella de mar

arm
el brazo

puffin
el frailecillo

walrus
la morsa

tusk
el colmillo

waterproof fur
la piel impermeable

In the ocean
En el océano

The deep waters of the ocean are full of colorful fish.

Las aguas profundas de los océanos están llenas de peces coloridos.

angelfish
el pez ángel

seahorse
el caballito de mar

eel
la anguila

dolphin
el delfín

jellyfish
la medusa

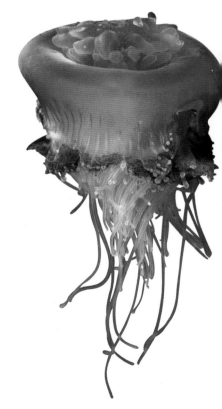

urtle
a tortuga

shark
el tiburón

tingray
a raya

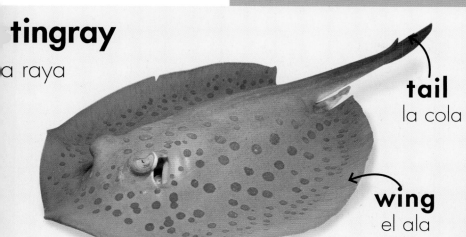

tail
la cola

wing
el ala

coral
el coral

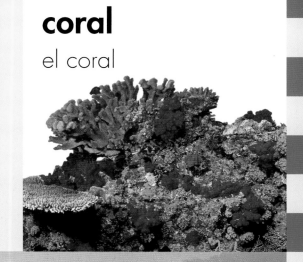

octopus
el pulpo

whale
la ballena

obster
a langosta

On the plains
En las llanuras

Some animals on the plains eat plants while others hunt for meat to eat.

Algunos animales en las llanuras comen plantas mientras que otros cazan carne para comer.

grasshopper
el saltamontes

bison
el bisonte

baboon
el babuino

wildebeest
el ñu

vulture
el buitre

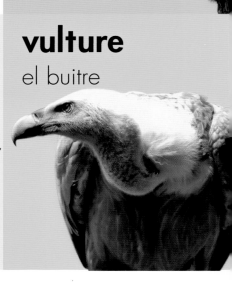

leopard
el leopardo

lion
el león

mane
la melena

tail
la cola

paw
la garra

elephant
el elefante

ear
la oreja

trunk
la trompa

leg
la pierna

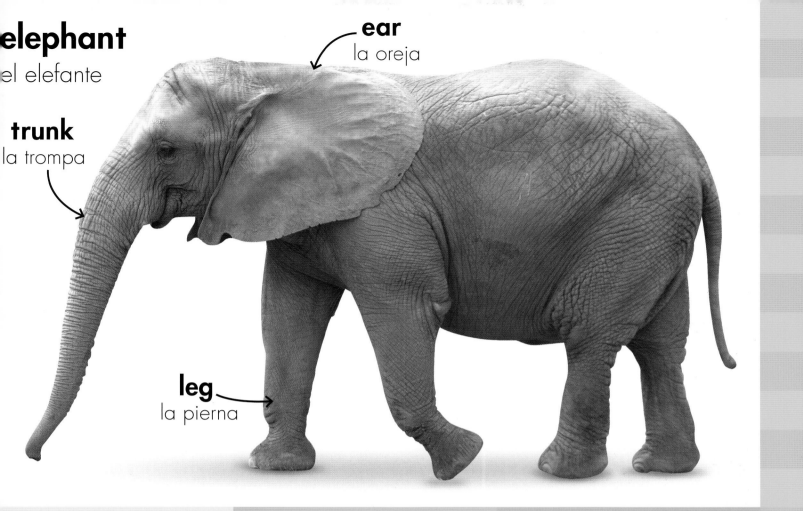

zebra
la cebra

antelope
el antílope

giraffe
la jirafa

rhinoceros
el rinoceronte

In the rain forest
En la selva tropical

Animals live on the ground and up in the trees in the hot rain forest.

Los animales viven en el suelo y en los árboles de la selva tropical calurosa.

tree snake
la culebra arbórea

orangutan
el orangután

tapir
el tapir

tree frog
la rana
de árbol

stick insect
el insecto palo

parrot
el loro

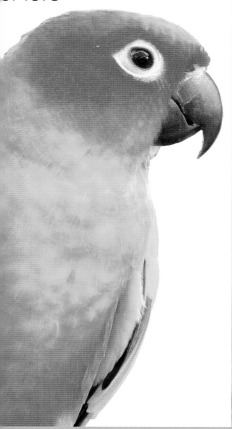

tiger
el tigre

chameleon
el camaleón

chimpanzee
el chimpancé

gorilla
el gorila

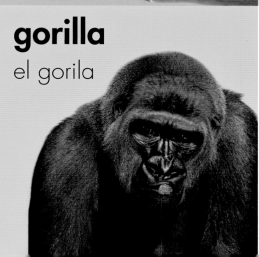

hornbill
el cálao

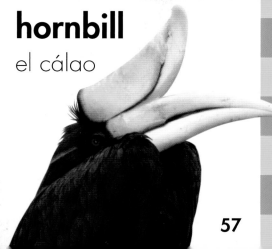

toucan
el tucán

57

Hot and dry
Caliente y seco

In hot, dry places, animals rest in the day and come out at night.

En los lugares calurosos y secos, los animales descansan durante el día y salen de noche.

scorpion
el escorpión

lizard
el lagarto

ostrich
el avestruz

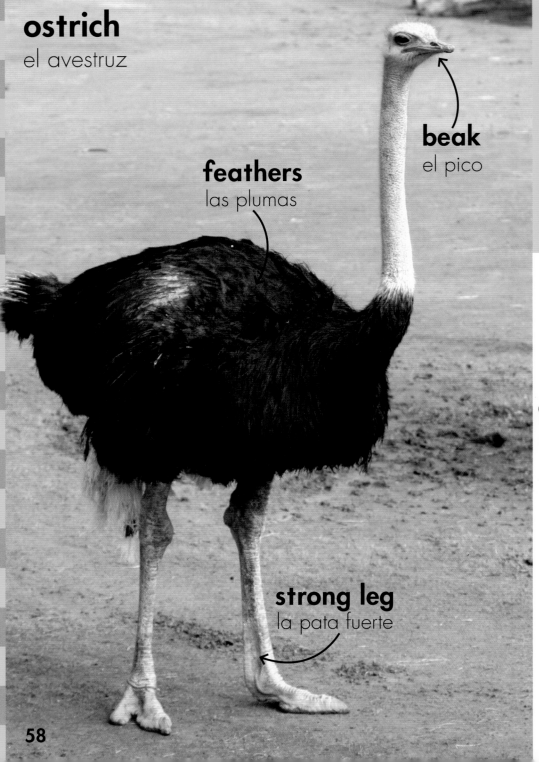

feathers
las plumas

beak
el pico

strong leg
la pata fuerte

camel
el camello

hump
la joroba

kangaroo
el canguro

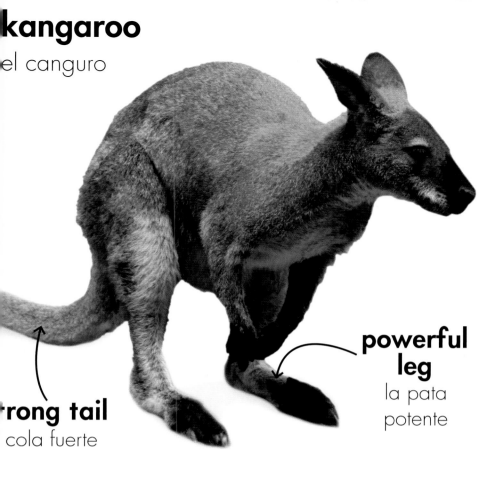

strong tail
cola fuerte

powerful leg
la pata potente

koala
el koala

rattlesnake
la serpiente de cascabel

mongoose
la mangosta

coyote
el coyote

cheetah
el guepardo

spotted coat
la piel manchada

59

Mountains, snow, and ice
Las montañas, la nieve y el hielo

Thick fur and fat helps animals keep warm in the world's coldest places.

La piel gruesa y la grasa ayudan a calentar los animales en los lugares más fríos de la tierra.

yak el yak

walrus
la morsa

puma
el puma

reindeer
el reno

panda
el panda

polar bear
el oso polar

white fur
el pelo blanco

albatross
el albatros

penguins
los pingüinos

seal
la foca

llama
la llama

Animal babies
Los animales bebés

Baby animals often have different names than their parents.

Los bebés de los animales a menudo tienen nombres distintos de sus padres.

cub
el cachorro

chicks
los pollitos

piglet

el lechón

gosling
el ansarino

kitten
el gatito

ear
la oreja

tail
la cola

paw
la pata

duckling
el patito

lamb
el cordero

woolly coat
el pelo lanoso

kid
el cabrito

foal
el potro

puppy
el cachorro

fawn
el cervatillo